Ο ΚΥΡΙΟΣ ΑΚΑΤΑΔΕΚΤΟΣ

by Roger Hargreaves

χάρτινη πόλη®

Ο **κύριος Ακατάδεκτος** ήταν ένας
από τους πιο αγενείς τύπους σε ολόκληρο
τον κόσμο, για να μην πω ο αγενέστερος.
Ήταν πολύ αγενής με όλους.
Έτσι, στη μεγαλούπολη όπου ζούσε
δεν είχε φίλους.
Για την ακρίβεια, ούτε έναν!

Ο κύριος Ακατάδεκτος, όμως,
ήταν πολύ πλούσιος!
Ήταν ένα από τα πλουσιότερα άτομα
στον κόσμο, για να μην πω το πλουσιότερο.
Είχε τη μεγαλύτερη
και μακρύτερη λιμουζίνα της πόλης!
Είχε τον μεγαλύτερο
και μακρύτερο κήπο της χώρας!
Και στην κορυφή του λόφου ήταν το σπίτι του!
Το μεγαλύτερο σπίτι της μεγαλούπολης!
Όπου έμενε ολομόναχος!

Μια μέρα, την ώρα που περπατούσε
στον κήπο του τεράστιου σπιτιού του,
άκουσε μια φωνούλα.
Μια ψιλή ψιλή φωνούλα!
«Γεια σου και χαρά σου!» είπε η φωνή.
Ο κύριος Ακατάδεκτος κοίταξε
προς τα κάτω κι εκεί, μέσα σ' ένα
από τα εκατοντάδες παρτέρια,
είδε έναν καλικάντζαρο!
«Δεν θα μου πεις γεια;» ρώτησε ο καλικάντζαρος.
«Παράτα με!» απάντησε
αγενέστατα ο κύριος Ακατάδεκτος.

«Τώρα κατάλαβα!» είπε ο καλικάντζαρος. «Εσύ είσαι ο κύριος Ακατάδεκτος!»
«Χμ!» ρουθούνισε ο κύριος Ακατάδεκτος.
«Λοιπόν, άκου! Ξέρω κάποιον που θέλει να σε συναντήσει», είπε και χοροπήδησε με τον μοναδικό τρόπο που χοροπηδούν οι καλικάντζαροι.
«Έλα μαζί μου», του φώναξε. Κι εκείνος, που ήταν πολύ περίεργος, τον ακολούθησε...
«Θα μπούμε εκεί μέσα...» είπε ο καλικάντζαρος και του έδειξε τη μικρή κουφάλα ενός δέντρου.

«Μην είσαι ανόητος!» είπε ξεφυσώντας
ο κύριος Ακατάδεκτος.
«Είναι δυνατόν να χωρέσω εγώ εκεί μέσα;»
«Αχά!» έκανε το καλικαντζαράκι
και αμέσως μετά είπε μια μαγική λέξη που είναι
γνωστή μόνο στα καλικαντζαράκια, κάτι σαν...
«καλικαντζιτζούφ!» ή κάπως έτσι...
Και τότε, ο κύριος Ακατάδεκτος άρχισε να μικραίνει.
Και μίκραινε και μίκραινε, μέχρις ότου έγινε
τόσο μικρός όσο και ο καλικάντζαρος.
«Κάνε με ξανά όπως ήμουν πριν!»
ψέλλισε ταραγμένος ο κύριος Ακατάδεκτος.
«Α! Αυτό δεν γίνεται», γέλασε το καλικαντζαράκι!

Κι αμέσως μετά σκαρφάλωσε στο δέντρο
και χώθηκε μέσα στην κουφάλα.
Ο καημένος ο κύριος Ακατάδεκτος,
μην ξέροντας τι να κάνει έτσι μικρός που ήταν,
τον ακολούθησε.
Μέσα στο δέντρο υπήρχε μια σκάλα
που πήγαινε προς τα κάτω.
Μήπως ξέρετε πού οδηγούσε;
Στο **Βασίλειο των Καλικάντζαρων**.

«Απαιτώ να δω αμέσως τον βασιλιά σου», είπε θυμωμένος ο κύριος Ακατάδεκτος. «Μα φυσικά», τον ειρωνεύτηκε το καλικαντζαράκι. Και περνώντας μέσα από τα δρομάκια της πόλης, βρέθηκαν μπροστά σ' ένα μεγάλο παλάτι. «**Αλτ! Ποιοι είστε εσείς;**» φώναξε ο καλικάντζαρος που φρουρούσε την πύλη. «Έφερα τον κύριο Ακατάδεκτο», είπε ο καλικάντζαρος. «Πρέπει να δει τον βασιλιά!» «Ο! Ναι, βέβαια!» χαμογέλασε ο φρουρός.

Το καλικαντζαράκι και ο κύριος Ακατάδεκτος ακολούθησαν έναν μακρύ διάδρομο ώσπου έφτασαν μπροστά σε μια χρυσή πόρτα. Η χρυσή πόρτα άνοιξε και βρέθηκαν σε μια τεράστια αίθουσα. Εκεί σ' έναν ολόχρυσο θρόνο καθόταν ο βασιλιάς των καλικάντζαρων!

«Μεγαλειότατε», αναφώνησε ο καλικάντζαρος, κάνοντας μια βαθιά υπόκλιση. «Σας παρουσιάζω τον κύριο Ακατάδεκτο».

«Α! Μάλιστα!» είπε ο βασιλιάς. «Έχω ακούσει πολλά για εσένα! Λένε πως είσαι αγενής με όλον τον κόσμο. Λένε επίσης ότι δεν έχεις φίλους!»

«Κουταμάρες!» απάντησε ο κύριος Ακατάδεκτος με αγένεια.

«Τώρα καταλαβαίνω! Ό,τι έχω ακούσει για εσένα είναι αλήθεια», είπε ο βασιλιάς «Λοιπόν…» συνέχισε, «θα σε αφήσω να ξαναγίνεις μεγάλος, αλλά υπό έναν όρο. Αν, γυρίζοντας στην πόλη σου, φερθείς με αγένεια σε οποιονδήποτε, τότε θα γίνεις ξανά νάνος, όπως είσαι τώρα. Και τώρα μπορείς να φύγεις!»

Το καλικαντζαράκι οδήγησε τον κύριο Ακατάδεκτο έξω από το βασίλειο. Ανέβηκαν μαζί τη σκάλα και, βγαίνοντας από την κουφάλα του δέντρου, βρέθηκαν στον κήπο του κυρίου Ακατάδεκτου.

Το καλικαντζαράκι κοίταξε τον κύριο Ακατάδεκτο
και είπε μια μαγική λέξη.
«**Φουτζικαλίκα!**» Κι εκείνος μεγάλωσε κι έγινε
όπως ακριβώς ήταν πριν.
«Πρόσεξε!» τον συμβούλεψε ο καλικάντζαρος.
«Πρέπει να θυμάσαι τα λόγια του βασιλιά!
Να μιλάς ευγενικά και να μην είσαι ακατάδεκτος!»
Έπειτα, ο κύριος Ακατάδεκτος
έφυγε γρήγορα για το τεράστιο σπίτι του.

Την επόμενη μέρα βγήκε για μια βόλτα
στους δρόμους της πόλης.
Ξαφνικά βρέθηκε μπροστά σ' ένα αγοράκι
που έπαιζε με την μπάλα του.
«Τσακίσου από μπροστά μου!» φώναξε άγρια
ο κύριος Ακατάδεκτος.
Αλλά την ώρα ακριβώς που έλεγε αυτά τα λόγια...
«**Καλικαντζιτζούφ!**»

Και ο κύριος Ακατάδεκτος άρχισε να μικραίνει
και να μικραίνει ώσπου έγινε τόσο μικρός
όσο και η μπάλα του αγοριού.
«Ο! Θεέ μου. Ξέχασα!» είπε με κομμένη
την ανάσα και συνέχισε:
«Συγνώμη, αγοράκι. Ήθελα να σε παρακαλέσω
να με αφήσεις να περάσω!»
Αμέσως μετά...
«**Φουτζικαλίκα!**»
Και ο κύριος Ακατάδεκτος μεγάλωσε
και έγινε όπως πριν!
Το αγοράκι έκανε στην άκρη
και εκείνος συνέχισε τον δρόμο του.

Λίγο πιο κάτω συνάντησε μια γριούλα
που κρατούσε ένα μεγάλο καλάθι με φρούτα.
«Με συγχωρείτε, κύριε!» είπε ευγενικά
στον κύριο Ακατάδεκτο. «Θα μπορούσατε,
σας παρακαλώ, να μου πείτε τι ώρα είναι;»
«Παράτα με κι εσύ!» απάντησε
ο κύριος Ακατάδεκτος αγενέστατα.
Αλλά την ώρα ακριβώς που έλεγε τα λόγια...
«**Καλικαντζιτζούφ!**»

Ο κύριος Ακατάδεκτος άρχισε να μικραίνει
και να μικραίνει ώσπου έγινε τόσο μικρός,
που χωρούσε άνετα μέσα στο καλάθι
της γριούλας.
«Ο! Θεέ μου! Ξέχασα!» είπε με κομμένη
την ανάσα και συνέχισε
«Αυτό που ήθελα να πω ήταν... ότι η ώρα
είναι έντεκα και είκοσι πέντε ακριβώς!»
Αμέσως μετά...
«**Φουτζικαλίκα!**»
Και ο κύριος Ακατάδεκτος
μεγάλωσε και έγινε όπως πριν.
Η γριούλα τον ευχαρίστησε
και εκείνος συνέχισε τη βόλτα του.

Στη γωνία του μεγάλου εμπορικού δρόμου
συνάντησε τον εφημεριδοπώλη.
Αγόρασε μια εφημερίδα,
και τη στιγμή που ήταν έτοιμος
να φύγει, σταμάτησε.
Γύρισε προς τον εφημεριδοπώλη
και του είπε: «**Ευχαριστώ πολύ!**»
Το «ευχαριστώ» ήταν μια λέξη που ο κύριος
Ακατάδεκτος δεν είχε πει ποτέ.
Ο εφημεριδοπώλης χαμογέλασε!
Ο κύριος Ακατάδεκτος δεν είχε συνηθίσει
να δέχεται χαμόγελα από κανέναν.

Στην επόμενη διασταύρωση,
ένας κύριος με πράσινο κοστούμι
σταμάτησε τον κύριο Ακατάδεκτο
για να τον ρωτήσει αν ξέρει
τον δρόμο για την τράπεζα...
Ο κύριος Ακατάδεκτος ήταν έτοιμος να πει:
«Δεν τον ξέρω!» αλλά τελικά είπε:
«Βεβαίως! Να σας πω!» και εξήγησε
ποιον δρόμο έπρεπε να πάρει.
«**Σας ευχαριστώ πολύ**» αποκρίθηκε ευγενικά
ο κύριος με το πράσινο κοστούμι.
Τι περίεργο! Κανένας ποτέ όλα αυτά τα χρόνια
δεν είχε ευχαριστήσει τον κύριο Ακατάδεκτο
για τίποτα. Ο κύριος Ακατάδεκτος χαμογέλασε.
Ήταν πολύ πολύ χαρούμενος.

Και η χαρά ήταν ένα πρωτόγνωρο συναίσθημα
για τον κύριο Ακατάδεκτο!
Δεν είχε αισθανθεί ποτέ άλλοτε έτσι!
Πόσο του άρεσε!
Από εκείνη την ημέρα, ο κύριος Ακατάδεκτος
είναι εντελώς διαφορετικός.
Εξακολουθεί να είναι το πλουσιότερο άτομο
στη μεγαλούπολη, ίσως και σε ολόκληρο τον κόσμο,
όμως τώρα έχει πολλούς πολλούς φίλους.
Και συνέχεια χαμογελά!
Και ξέρετε ποιες λέξεις χρησιμοποιεί συχνά;

«**Παρακαλώ**» και «**ευχαριστώ**».
Μάλιστα... αυτές τις δύο υπέροχες λέξεις!
Εμείς αυτό που έχουμε να σας πούμε είναι...
Ευχαριστούμε που διαβάσατε αυτήν την ιστορία.
Και αν καμιά φορά σκεφτείτε να φερθείτε
με αγένεια σε κάποιον φίλο σας...
Θυμηθείτε!
Καλικαντζιτζούφ!